나에게 어떤 음식이 기억 속에 있다.
그리고 그 음식을 먹었던 곳이
나로부터 지구 반바퀴씩 떨어져 있다면,
나는 그 음식을 나의 식탁에 다시 불러낼 수 있을까?

식재료를 만지고 있으면 땅 가까이에 있는 것 같아서

집에서 식사 대접하고 싶었는데!
생각해 보니 강은 파스타 안 좋아했지
　다른 요리도 잘하고 싶다
똠 얌 꿍 사먹어만 봤는데
어떤 재료가 들어갈까
　음 어려우려나
냄새 좋다...

| 일러두기 |

레시피에서 식재료 옆에 붙은 메모는 두 가지로 나뉩니다.
마트 대체 재료 와 비건 대체 재료 로요.
그리고 각 요리법은 선생님들의 기호가 반영된 것이어서
만들고 맛보며 자신에 적극 맞춰가셔도 좋습니다.
그럼... 뒤에서 만나요!

လမ်းလျှောက် စားပွဲ 식탁은 걷는다
โต๊ะเดิน WALKING TABLE

온통소피트

로사마리아

마리

킴얏뚜

김로빌린

태국 요리 선생님	온통 소피트 ONTHONG SOPIT
페루 요리 선생님	로사 마리아 ROSA MARIA
멕시코 요리 선생님	마리 MARY CARMEN

킴얏뚜
KHIN
MYATTHU

미얀마
(버마)
요리
선생님

김로빌린
ROBELYN
B. ROSAL

필리핀
요리
선생님

조세은

요리
자문
선생님

태국 요리 선생님	레몬그라스를 넣은 새우찌개 똠 얌 꿍 19 부추 얹은 볶음면 팟 타이 29 설탕과 연유 넣은 홍차 차 옌 39	온통 소피트 ONTHONG SOPIT
페루 요리 선생님	라임으로 익힌 생선회 세비체 51 소고기를 넣은 으깬감자 튀김 빠빠 레예나 63	로사 마리아 ROSA MARIA
멕시코 요리 선생님	콩스프를 끼얹은 토르티야 말이 엔프리홀라다스 77 옥수수껍질 속 옥수수떡 우체포 89 연유 넣은 옥수수빵 판 데 엘로테 99	마리 MARY CARMEN

킴얏뚜 KHIN MYATTHU	마늘 기름에 튀겨낸 두부 주머니 빼빠아싸똑우 111 코코넛밀크에 적셔먹는 식빵 빠목으 온 노우싼 123	미얀마 (버마) 요리 선생님
김로빌린 ROBELYN B. ROSAL	춘권피를 말아 튀긴 바나나 뚜론 133 마늘과 샬롯을 넣은 볶음면 판싯 비혼 145	필리핀 요리 선생님
조세은		요리 자문 선생님

레몬그라스를 넣은 새우찌개

ต้มยำกุ้ง
TOM YUM GOONG
똠얌꿍

Onthong sopit 온통소피트

약 2명 분량

☆☆

비건으로도

여러분, 온통소피트입니다. 안녕하세요.

    😊 선생님 안녕하세요! 동이에요.

    👀 저는 헵이에요. 안녕하세요!

    🥲 강...입니다. 그... 안녕하세요.

오늘 똠 얌 꿍 레시피 소개해 드릴 거예요. 몇 번 접해 보셨죠?

    👀 네, 아까도 타이 레스토랑에 있었어요. 저는 똠 얌 꿍 말고는 뿌 팟 퐁 까리를 정말 좋아해요.

네, 커리에 코코넛밀크 넣고 튀긴 게 볶은 건데요, 네, 맛있는 요리입니다. 지금은 타이 음식 접하기 어렵지 않아요. 제가 2003년, 2004년, 그쯤 이사를 왔는데, 저는 그때도 그렇고 한국에 산지 거의 20년 되는 지금까지 한국 요리가 입에 안 맞아요. 그래서 처음에 태국에서 가져 온 액젓라면만 계속 먹다가 더는 못 살겠어서 (웃음) 엄마한테 전화해서 레시피 배웠어요. 레시피를 배웠으니까 식재료를 사야 하는데, 한국에 처음 이사왔을 때에 한국에서 태국 식재료 구하기가 난감했어요. 지금이야 인터넷으로 사도, 예전에는 멀리 있는 아시안 마트에 한두 시간 가고 그랬거든요.

    🥲 에...에...에추!

아이고, 어떡해! 식재료 향이 세서.

    👀 아녜요! 강이 감기에 걸렸어요.

이런. 좋습니다. 오늘 똠 얌 꿍으로 감기 날아가겠습니다. 똠 얌 꿍에 양파 들어가는데, 원래 감기 걸렸을 때 양파만 끓여 먹는 사람도 있어요. 그리고 똠 얌 꿍은 원래부터 감기에 들거나 배가 아플 때 먹는 요리예요. 지금은 맛으로도 먹지만요.

똠 얌 꿍

>> 상큼한 맛 때문인지 소화에 좋을 것 같은
느낌이에요. 저는 술 먹은 다음 날 해장국으로
먹기도 했어요.

저도 오늘 많이 마시고 내일. (웃음) '똠'은 끓이다, '얌'은 섞다, 두 갤 합친 '똠 얌'은 찌개라는 뜻. '꿍'은 새우고요. 그러니까 '똠 얌 꿍'은 새우찌개. 뭘 넣느냐 따라서 똠 얌 탈레ต้มยำทะเล, 똠 얌 카무ต้มยำขาหมู, 똠 얌 까이ต้มยำข่าไก่, 이렇게 다양해요.

0,0 한국의 찌개도 뭘 넣느냐에 따라서 김치찌개,
된장찌개, 부대찌개, 이렇게 달라지는 것과 같네요.

네, 맞아요.

>> 똠 얌 탈레, 카무, 까이, 각각 어떤
주재료인가요?

각각 해물, 족발, 닭고기, 이렇게 들어가는 거예요. 보통 동네마다 먹는 재료 써요. 예를 들면 태국은 서쪽으로 갈수록 바다 멀어지는데, 그러면 해물 쓰는 똠 얌 탈레는 잘 안 보이고, 똠 얌 카무, 똠 얌 까이 같은 거 많이 보여요. 나머지 국물 재료는 거의 비슷해요.

0,0 똠 얌 꿍을 먹을 때면 다양한 풍미가 느껴져서
기분이 좋고 재밌어요. 맛이 여러 가지라고
할까요! 향수처럼 탑-미들-라스트, 단계가 있는
듯했어요.

세은) 태국 요리에서 미덕은 여러 식재료의 맛이 원본에 가깝게, 또 강하게 느껴지면서 그것들이 어떤 맛의 겹을 만드는

데에 있다고 해요.

　　우와.

맞아요. 똠 얌 꿍은 '새콤하고, 맵고, 짠' 맛이 있어요. 팟 타이는 '달콤하고, 맵고, 새콤'하고요. 그래서 좋은 태국 음식 요리사는 이 느껴지는 맛 순서를 설정하고, 그 정도를 조절할 수 있어요. 첫 번째 나오는 맛이 뭐여야 하고, 두 번째로 나오는 맛이 뭐여야 하고. 똠 얌 꿍은 새콤하고, 짜고, 매운 순서, 팟 타이는 달콤하고, 맵고, 새콤한 순서가 좋아요. 제가 그걸 할 수 있을지는 모르겠지만요. (웃음)

　　에이, 선생님!

똠 얌 꿍

<u>도구</u>　냄비

<u>재료</u>　레몬그라스 1줄기

　　　레몬즙/라임즙 3스푼

　　　갈랑갈 1개

　　　방울토마토 5개

　　　소금

　　　샬롯 3개　양파 ½개

　　　코코넛 슈가 1티스푼　비정제 설탕 2티스푼

　　　똠 얌 페이스트 1스푼

　　　새우 8마리　비건새우 12개　또는 선호 버섯

　　　카네이션CARNATION밀크 1컵　코코넛 밀크 1컵

　　　팍치 2줌　고수 2줌　또는 선호 대체유

　　　풀버섯เห็ดฟาง 7개　목이버섯 200g

　　　남쁠라 1스푼　액젓 1스푼　또는 국간장 1스푼

똠 얌 꿍

1   레몬그라스와 갈랑갈을 칼 옆으로 두드려 향을 낸다.
2   레몬그라스를 새끼손가락 길이쯤으로 어슷썬다.
    갈랑갈은 아주 짧게 썰어서 넣는다.
3   물 550ml를 냄비에 붓고, 2에서 썰은 레몬그라스과
    갈랑갈을 넣는다. 샬롯, 소금 1스푼도 넣고 10분
    끓인다.
4   방울토마토와 풀버섯을 반으로 썰고 냄비에 넣는다.
    새우, 똠 얌 페이스트, 남쁠라, 코코넛 슈가도 넣는다.
5   거품이 떠오르면 제거한 다음, 팍치를 잘게 썰어서
    넣고, 카네이션밀크를 붓는다.
6   충분히 끓으면 불을 끄고 레몬즙/라임즙을 넣는다.
7   [플레이팅] 건고추가 있으면 토핑해도 좋다.

부추얹은 볶음면

ผัดไทย
PAD THAI
팟 타이

Onthong sopit 온통소피트

약 3명 분량

☆☆

비건으로도

달콤하고 짜고 새콤한 볶음국수, 팟 타이PAD THAI도 집에서 요리하는 법 알려드릴게요.

    0.0 제가 사랑하는 국수예요! 대표적인 태국 음식으로 볼 수 있을까요?

팟 타이가 여러 나라에서 태국 알리기도, 태국 음식 대표하기도 해요. 이름에도 타이THAI가 있으니까요. 그런데 사실 오래되거나 자연스럽게 정착한 음식은 아니에요, 꽤 최근에 개발된 요리예요.

    최근에요?

네, 태국에 쁠랙 피분송크람แปลก พิบูลสงคราม 총리(1938-1944) 있었어요. 그때 정부에서 팟 타이 개발했어요. 두 가지 목적 있다고 알려져요. 하나는 제2차 세계대전 때 쌀 생산량 줄고 재해도 오면서 태국에 쌀 부족해졌어요. 그래서 그때 피분송람 정부가 국민들한테 쌀밥 대신 국수 먹으라고 했어요. 국수는 쌀보다 곡물 반 정도밖에 안 쓰고, 더 배부르기도 하잖아요. 그래서 슬로건도 있어요. "Noodle is Your Lunch"

    1939년에서 1944년이면... 그 국명이 바뀐 게 그 시기...

아! 맞아요.

    0.0 아 헐.

시암SIAM에서 태국THAILAND으로 국명 바뀐 게 1939년일 거예요. 그걸 피분송람 정부가 추진한 거예요. 피분송람 총리 민족주의자이고... 또 모더니스트였어요. 그래서 태국 민족 정체성, 그 "태국다움THAI-NESS" 같은 걸 자꾸 강조했어요.

팟 타이

민족 문화가 세야지 태국이 계속 독립 유지할 수 있다고 믿었어요. 사람들한테 팟타이 먹는 건 국가 돕는 거야, 이렇게 선전했어요. 어떤 "국민 요리"를 만들어서 사람들을 뭉치게 하고 국가 정체성이나 브랜드 같은 걸 만들려고 한 거예요.

  ᴗ 우와! 정말 자세하게 알고 계시네요.

문화 강사이니까요. (웃음) 이 이야기는 대학교에서 배웠어요. 저런 민족주의 정책 하면서 중국어 쓰는 거나 교육도 못하게 하고, 중국인 노점상 거리에서 쫓아내기도 했는데요, 재밌는 건 팟 타이는 중국식이에요, 전형적인. 국수 볶은 거니까요. 아무튼, 팟 타이도 지역마다 달라요. 오늘은 남부 팟타이예요. 커다란 말린 새우 있고, 덜 달콤한 특징이 있는 듯해요.

  ᴗ 원래 태국 남부에서 계셨나요?

네, 송클라에서 살았어요. 송클라는 말레이시아 북부랑 국경 붙어있는 데예요.

<u>도구</u>	프라이팬
<u>재료</u>	고춧가루
	달걀 2알 달걀대용 파우더 2스푼
	두부 ¼모
	부추 반 줌
	중간크기 새우 4마리 비건새우 6마리
	숙주 한 줌 또는 생략
	5mm 쌀국수 200g
<u>소스</u>	타마린드 페이스트 소스 3스푼 라임즙/레몬즙 3스푼
	남쁠라 2스푼 액젓 2스푼 또는 간장 2스푼
	코코넛 슈가 2스푼 비정제 설탕 2스푼
<u>토핑</u>	땅콩분태
	쪽파

팟 타이

0   [준비] 쌀국수를 찬물에 넣어 30분 불린다.
1   두부를 길게 썰고, 기름 두른 프라이팬에 부친다. 부친 것을 다시 큐브로 작게 썬다.
2   기름 두른 프라이팬에 달걀을 넣고 스크램블한 뒤에 빼둔다.
3   같은 프라이팬에서 새우도 구운 뒤 빼둔다.
4   같은 프라이팬에서 0에서 불린 쌀국수를 볶다가 물 100ml와 두부를 넣는다.
5   타마린드 페이스트 소스, 남쁠라, 코코넛 슈가를 섞어서 소스를 만든 다음, 프라이팬의 물이 졸아들 때쯤 넣고 볶는다. 빼 두었던 달걀과 새우도 함께 넣어서 볶는다.
6   고춧가루, 숙주, 다진 부추를 취향껏 넣고 숙주의 숨이 살짝 죽으면 볶기를 멈춘다.
7   [플레이팅] 땅콩분태를 뿌리고, 태국식으로 먹으려면 쪽파를 곁들인다.

설탕과 연유 넣은 홍차

ชาเย็น
CHA
YEN
차 옌

Onthong sopit 온통소피트

약1명 분량

☆

비건으로도

맛있게 드셨나요?

    👀 정말요... 감사히 먹었습니다.

    🖖 배부름 비상입니다.

다행히 또 밥을 만들지는 않고요, 후식으로 같이 차 마셔요. 밀크티 좋아하세요?

    👀 네네! 단 걸 정말 좋아해서요. 일할 때 커피와 단 것 없이는 못 살겠어요.

마침 잘 됐어요. 지금 만들 차 옌은 태국에서 많이 마시는 음료예요. '차'는 차, '옌'은 시원하다. 그래서 '시원한 차'라는 말이고, 연유가 있어서 달콤해요. 덥거나 기운 없을 때에 마시기에 좋아요. 태국에서는 밥 적게 먹더라도 꼭 디저트 먹는 문화 있어요.

    🖖 좋은 문화네요...

(웃음) 그런가요. 생각하기로는 계층 문화가 강했고, 아직 영향력 있어서인 것 같아요. 밥 먹고 디저트를 안 먹으면 낮은 계급이다, 이런 문화적인 인식이 은연에 있나 봐요. 예를 들어 태국에서 집에 손님을 모셨는데, 디저트를 안 내면 매너가 아니에요.

    👀 식후 디저트는 교양이랄지, 그런 느낌이네요.

그래서일지 태국은 디저트 종류도 다양해요. 그리고 아침, 점심, 저녁 디저트가 다 달라요. 디저트 가게가 밥집만큼 많아요.

    👀 한국도 카페가 밥집만큼 있는 것 같아요. 그렇다면 선생님 좋아하시는 디저트가 따로

있나요?

곧 만들 차 옌이요! 색도 참 예쁘지 않아요?

🎵 어떻게 색이 이렇게 오렌지색이죠?

찻가루에 든 식용색소 덕분이에요! 지금 쓰는 찻가루는 태국에서 사 온 거예요. 한국에서 이런 색 음료 못 본 건, 한국은 황색 3호 수입 허가 안 돼서 그래요. 저 색 나지 않아도 맛은 같아요. 저 색 꼭 내고 싶다면, 라농티RANONG TEA에서 나온 타이 티 믹스 사시면 돼요.

<u>도구</u>　드리퍼
　　　　커피필터

<u>재료</u>　뜨거운 물 200ml　　차트라뮤CHATRAMUE
　　　　연유 50ml　　　　　　타이티 믹스 티백 1포
　　　　라농 티RANONG TEA 타이 티 믹스 티백 1포
　　　　카네이션CARNATION밀크 50ml　생략
　　　　각얼음　　　　　또는 선호 대체유 1컵

1   커피 드리퍼에 찻가루를 넣고 뜨거운 물을 천천히 붓는다. (커피처럼 섬세하게 드리핑할 필요는 없다!) 우린 물은 한 번 더 찻가루 위에 따라준다.

2   우린 차에 연유를 넣고 젓는다. 그리고 카네이션밀크 30ml를 넣는다.

3   컵에 각얼음을 가득 채운다.

4   음료를 채운 다음, 마지막에 카네이션밀크 20ml를 더 따른다.

5   [토핑] 간얼음을 올리면 마시면서 농도를 맞출 수 있어서 좋다.

라임으로 익힌 생선회

CEVICHE
세비체

Rosamaria 로사마리아

약 3명 분량

☆☆

😊🎤 선생님 안녕하세요!

😊 와아 재료들이 신선하고 멋있게 생겼어요.

여러분 안녕하세요. 로사마리아예요. 그렇죠? 간단한 것들이 또 강렬하게 생겼어요. 라임, 흰살생선, 좋은 야채. 우리는 이걸로 세비체 만들 거예요.

🗨 이제 보니까 '보니타BONITA'라고 적힌
티셔츠를 입으셨네요!

맞아요. 스페인어로 '예쁘다'. 어떻게 아시네요?

🗨 요즘 제가 듀오링고를 열심히 하거든요.

(웃음) 시에서 운영하는 센터에서 스페인어를 오래 가르치기도 했는데, 에스파뇰 배운 학생들이 "선생님 보니타!" 할 때면 기분이 좋아요.

😊🎤 선생님 보니타!

네, 세비체 맛있게 해 드릴게요. 이 세비체는요, 페루 나라에서 대표적인 음식이에요. 세비체를 위한 날NATIONAL CEVICHE DAY도 있어요. 세비체에서 정말 중요한 거는 신선한 생선과 라임, 두 가지예요. 그리고 고수, 샐러리, 적양파 이런 야채들.

😊 재료 간단한 요리가 참 아름답다고
생각되어요. 알리오 에 올리오도 올리브유,
마늘, 파스타면 땡이고, 간장에 참기름만 넣어서
비벼먹는 간단밥도 좋아하거든요. 또 정말
맛있으니까요.

네, 세비체도 요리법 단순하고, 재료도 간단해요. 그런데 저도 한국에 이사 올 때만 해도 마트에 필요한 게 없었어요.

> 생선은 아닐 테고... 없었다면 아마도 라임이겠죠?

맞아요. 라임이랑 야채 중 고수도요. 지금은 마트에도 있고, 온라인으로도 살 수 있는데, 그때는 찾기에 어려웠어요.

> 그럼 그때는 세비체를 못 드셨던 건가요?

옛날에 한국에 오고 한 달쯤 됐을 때 세비체 한 번 시도해 봤는데요, 완전히 실패했어요. (웃음) 들어가는 재료가 간단한데 맛있다는 건, 그 재료가 있고 없음이나, 품질이나 신선함이 중요하다는 건데 재료가 빠지니 알던 맛이 안 나는 거죠.

> 라임이 정말 중요한 역할을 하는군요!

생선을 익게 해 주니까요. 세비체는 '라임에 익힌 회 샐러드' 같은 건데요, 여기에서 익힌다는 말, 열 쓴다는 게 아니라, 라임의 산성으로 생선을 절이는 거예요. 라임에 생선 살 담그고 몇 분 있으면 색깔 흰색으로 바뀌고 질감도 바뀌어요.

> 몇 분 정도 담그고 있으면 되나요?

보통 15분쯤요!

> 절여서 익힌다는 조리법이 제게는 새로워요. 라임 대신 레몬은 어려우려나요?

되기는 한데, 레몬보다는 라임이 나아요. 레몬은 라임보다는 달고 산성이 약해요. 원래 페루 나라에서는 툼보TUMBO라는 과일로 생선을 익혔는데, 그건 라임보다도 레몬보다도 산성이 더 약했어요. 그래서 하루씩 숙성하고 그랬다고 해요. 세비체는 2,000년 전부터 있던 요리인데, 스페인이 남미 대륙 정복하면서 라임이 들어왔고, 그쯤 툼보를 대체했어요.

🎤 그러면 한... 400년 전쯤일 것 같습니다.

스페인 침략쯤이면 그렇겠네요. 고수도 그때 왔어요. 페루 나라에서는 라임이랑 레몬 다 레몬LIMÓN이라고 불러요. 나라마다 조금씩 달라요. 스페인에서는 라임은 lima, 레몬은 limón인데, 또 멕시코에서는 반대예요.

👁 와, 언어란 참 신기하네요.

😊 그러게요. 저는 오늘 처음으로 페루 음식을 먹게 되어서 계속 설레 왔는데요, 사실 일본, 중국 음식은 말할 것도 없고, 베트남, 인도, 태국 레스토랑 등을 떠올리면 한국에서 페루 식당은 잘 못 봤던 것 같아요.

네, 그래서 한동안 제대로 된 세비체 못 먹었어요. 그러다가 페루 레스토랑이 생겼다고 얘기 들어서 간 적 있는데, 원래 맛 아니에요. 물었는데 한국 사람 입맛에 맞춰야 한다고 했어요. 그래도 다행히 지금은 가볼 만한 데 생겼어요. 평택에 '세비체 210'랑 녹사평에 '트리부', 어디 보자... 홍대에 '리마'라는 데도 있어요. 세비체 스타일은 다 다른데, 맛있게 하세요. 물론 가장 맛있고 재밌는 건 직접 만드는 거예요. 뭐든 맘대로 넣고 뺄 수 있으니까요.

😊 라임이랑 채소만 있으면 무슨 생선을 쓰느냐에 따라 다양한 세비체가 된다는 점이 매력 같아요.

그럼요. 오늘은 광어예요! 저는 생선을 사서 손질했지만, 귀찮으면 회를 쓰거나 필렛을 주문해도 돼요.

세비체

👀 세비체에 주로 쓰는 생선이 있나요?

도버 서대기LENGUADO, 꼬르비나CORVINA, 메로MERO, 틸라피아TILAPIA, 이렇게 대표적이에요. 이것도 지역마다 달라요.

👀 전라도와 경상도 김치 요리법이 다른 것처럼요.

네, 페루 나라 안에서도 그렇고, 칠레, 콜롬비아, 멕시코, 이렇게 라틴아메리카 중심으로 다양해요. 페루 나라에서는 붉은 생선보다는 흰살 생선PESCADO BLANCO을 더 써요.

👀 기름기가 덜해서인가요?

맞아요. 기름기도 그렇고, 비릿함도 적어요. 오늘 레시피는 피우라PIURA 건데요, 제가 살던 도시예요. 페루 나라 북쪽이고, 에콰도르와 가까워요. 세비체에는 흰살생선뿐 아니라, 문어나 새우, 오징어, 조개를 넣기도 해요. 이렇게 다양한 해산물 넣으면 페루 나라에서는 세비체 믹스토라고 불러요.

<u>도구</u>	믹서기
	보울
<u>재료</u>	고수 반 줌
	광어필렛 1개
	라임 2개
	적양파 ¼개
	아히 리모 AJÍ LIMO ½개 홍고추 ½개
<u>소스</u>	마늘 6톨
	생강 1개
	소금
	후추

세비체

1   광어를 손질한다. 기름진 부위는 빼 두고,
    엄지손가락 절반 크기로 깍둑썰기한다.
2   적양파를 채썰고 소금에 버무린 다음 물에 헹궈서
    매운기를 없앤다.
3   고수에서 잎을 떼고 줄기만 잘게 다진다.
4   라임 1개를 반으로 자르고, 아히 리모를 다지고,
    생강과 마늘을 편썬다.
5   보울에 소금, 적양파, 고수 잎, 아히 리모, 썬 광어를
    넣는다. 반으로 자른 라임은 짜서 즙으로 넣는다.
6   [소스] 생강, 마늘, 광어 기름부위, 고수 줄기, 아히
    리모 나머지, 소금과 후추를 믹서기에 넣고 간다.
7   5 보울에 6 소스를 적당량 넣고 섞는다. 맛보고
    싱거우면 소금을 더 넣고, 접시에 옮긴다.
8   [플레이팅] 남은 라임을 슬라이스로 썰어서 고수와
    플레이팅한다. 삶은 옥수수나 고구마 같은 것을 함께
    놓으면 더 좋다.

소고기를 넣은 으깬감자 튀김

PAPA RELLENA
빠빠 레예나

Rosamaria 로사마리아

약 3명 분량

☆☆☆☆

비건으로도

자, 날 것을 먹었으니까 이제 따뜻하고 고소한 것도 좋겠죠.

☺ 네!

다음 요리는 빠빠 레예나입니다. 번역하면 '속을 채운 감자'
이렇게 되겠네요.

☺ 고로케나 크로켓, 이런 스타일일까요?

음, 그렇게 이해해도 괜찮은데, 어느 정도는 달라요. 빠빠
레예나는 으깬 감자로 반죽을 만들고, 그 안에 소고기나
삶은 달걀, 양파, 올리브, 그리고 향신료로 속을 채운
다음에 튀기는 요리예요. 탄수화물이랑 지방, 단백질이
골고루 있어서 한 끼 식사로도 괜찮아요.

☺ 감자 베이스는 감자파스타만 해 봤어요.

☺ 저는 감자채전이요!

감자의 고향이 페루예요. 페루 나라에서는 감자를
빠빠PAPA라고 불러요. 처음으로 감자를 작물화한 곳,
페루에 있던 잉카 제국TAWANTINSUYU이에요. '빠빠'가
잉카 제국 언어였던 케추아어RUNA SIMI입니다.
케추아어는 페루에서 스페인어와 함께 공용어이기도 해요.
유럽 대륙이 감자 접한 것도 스페인이 페루에서 감자 가져간
것이 계기였어요.

☺ 한국에서는 '감자'라고 하면 떠올리는 모습이
딱 있잖아요. 손에 딱 들어오는 크기에, 황토색.

세은) 한국에서 유통되는 감자가 지금 30여 종 되는데요,
그 중 80% 가량을 '수미'라는 품종이 차지하고 있어요.
그밖에는 대서, 서홍, 이렇고요.

빠빠 레예나

❥ 예전에 농심에서 나온 '수미칩'이 그
수미였네요!

❀ 페루에서는 감자 품종이 더 다양하려나요?
4,000종에 달하는 감자가 자라요. 정말 다양하죠? 색도, 맛도, 모양도, 질감도, 쓰임도 다 달라요. 어떤 시장에서는 웬만큼은 다 만나볼 수 있고요.

❥ 검색해 보니까 감자의 날 NATIONALPOTATO
DAY도 있고, 수도에 토종감자의 유전자를
연구하고 종자도 보관하는 센터 CENTRO
INTERNATIONALDELAPAPA도 있어요.

❀ 정말 국가적 유산이네요. 감자는 페루와 떼고
생각할 수 없는 작물 같아요.

그렇죠. 페루의 웬만한 요리에는 감자 있다고도 할만큼 감자 요리가 다양해요. 삶과도 깊이 연관돼 있고요.

❀ 빠빠 레예나에 적합한 감자가 따로 있을까요?
페루 나라에서 제가 빠빠 레예나 만들 때는 분홍색 감자를 가장 좋아했어요. 전분이 적어서 반죽 뭉칠 때 편했거든요. 그렇지만 다른 감자도 괜찮아요. 오늘도 그렇고요!

❥ 재료를 보니까 홍고추가 있던데, 페루에 계실
때는 다른 것을 쓰셨겠죠?

네, 아히 리모 AJÍ LIMO를 즐겨 썼어요. 맵고 독특한 감귤 향이 있어서 세비체에도 그렇고, 다양한 요리에 들어가요. 아히 리모 말고도 건포도 향이 나는 아히 아마릴로 AJÍ AMARILLO나 토마토처럼 생겼지만, 정말 매운 아히 로코토 AJÍ ROCOTO도 있습니다.

      0.0 빠빠 레예나 크기가 어떠려나요?

(한 손을 펼쳐 보이고) 이 정도?

      0.0 상상한 것보다 크네요! 한 입 거리는 아니겠다.

      •.• 아보카도나 망고. 아, 감자처럼 보여요.

감자가 들어갔는데 감자 모양인 점이 귀여워요.
스페인어로 '귀엽다'는 뭐예요?

(웃음) Linda!

      •.• 린다! 빠빠 레예나는 보통 언제 먹나요?

밤쯤에 포장마차에서 사 먹는 길거리 음식이기도 해요.
그렇게 간식으로도 좋고, 고기나 튀긴 생선이 메인 요리일
때 전채로도 즐겨요. 참! 그리고 우리, 요리하는 중간에
살사 크리올라 SALSA CRIOLLA도 만들 거예요. 살사
크리올라는 적양파, 토마토, 고수, 라임즙이랑 후추로
신선하게 만들어 내는 살사예요. 빠빠 레예나 같이 먹으면
질리지 않고 맛도 더 있겠죠?

도구	냄비
	프라이팬
	보울 4개
재료	감자 큰 것 4개
	건포도 1컵
	마늘 3톨
	블랙 올리브 5개
	소고기 기름 적은 부위 300g (표고버섯 300g)
	아히 에스카베체 AJI ESCABECHE
	적양파 ¼개 파프리카 파우더 3스푼
	큐민 ½스푼
	토마토 2개
	소금
	후추
	달걀 3알 (생략)
튀김	달걀 1알 (옥수수 전분 ½ 컵 + 비건버터 4스푼)
	밀가루 강력분
	튀김가루
살사	고수 한 줌
	아히 리모 AJÍ LIMO ½개 홍고추 ½개
	라임 2개

빠빠 레예나

1   달걀 3알을 9분 삶고, 웨지 모양으로 4등분한다.
2   감자도 삶는다. 적당히 익으면 꺼내서 껍질을 벗기고 잘 으깬다. 올리브유, 소금 1스푼을 넣고 섞는다.
3   적양파, 마늘, 토마토를 다진다.
4   냄비에 기름을 넉넉히 두르고 3에서 다진 적양파와 마늘을 중불에 볶는다. 적양파가 투명해지면 그때 토마토를 넣고 볶는다. (적양파와 토마토를 다 넣지 말고, 살사를 위해서 남겨 둔다.) 토마토에서 즙이 나오면 건포도와 아히 에스카베체를 넣는다. 적당히 익으면 보울A에 옮긴다.
5   소고기를 칼로 굵게 다진다. 그런 뒤, 프라이팬에 기름을 새로 두르고 다진 소고기를 중불에 충분히 익도록 볶는다.
6   5의 소고기와 큐민, 후추를 보울A에 더하고 섞는다.
7   밀가루는 보울B에 붓는다. 남은 달걀 2알은 보울C에, 튀김가루는 보울D에 풀어서 둔다.
8   열기가 빠진 2에 감자 달걀 4조각을 넣고 손으로 주물러 반죽한다. 찰기가 생기면 주먹만큼 떼어서 펼친 뒤, 보울A의 재료와 달걀 1조각, 올리브 1개를 넣고 잘 뭉친다. 뭉친 반죽은 보울B→C→D 순서로 굴린다.
9   [살사] 곁들일 살사 끄리오쟈를 준비한다. 양파를 채썰고, 토마토도 반달 모양으로 얇게 썬다. 그리고 썰어둔 것들에 라임즙을 듬뿍 뿌린다. 고수와 약간의

홍고추도 다져서 후추와 뿌린다.

10 냄비에 식용유를 넉넉히 붓고, 중약불로 기름이 170°C 정도로 달궈지면 8의 굴린 반죽을 넣고 튀긴다. 한 면이 맛있게 노릇노릇해지면 뒤집는다. 모든 면이 잘 튀겨지면 키친타올로 기름기를 뺀다. 빠빠 레예나 완성! 아까 만든 살사를 함께 낸다.

콩수프 끼얹은 토르티야 말이

ENFRIJOLADAS
엔프리홀라다스

Mary Carmen 마리
약 4명 분량
☆☆☆

안녕하세요! 마리입니다.

⊙⊙∵ 안녕하세요! 저희입니다!

네! 반갑습니다. 저는 강사 일도 하면서 마리 데 키친MARY DE KITCHEN 셰프를 맡고 있어요. 다양한 타코TACO, 플라우따FLAUTAS, 또스따다TOSTADAS, 포솔레POZOLE, 몰로테스MOLOTES 등 멕시코 오리지널 메뉴를 요리하고요, 비건 옵션도 몇 가지에 있어요. 멕시코 증류주인 데킬라TEQUILA들도 팔고요. 그래서 오늘 알려드릴 레시피는 식당에 없는 (웃음) 요리들로 골랐어요. 영업 기밀 누설되면 안 되니까요.

∵ 공개된 적 없는 셰프 레시피를 배우다니!
저희 운이 좋네요.

감사해요. 저는 멕시코에 있을 때 요리사는 아니고 국제무역 공부했어요. 한국 이사 온 지 12년 됐는데, 처음에는 멕시코 맛 그리워도 식당 찾기가 어려웠어요. 그래서 집에서 하려고 했는데, 할 줄을 모르겠는 거예요. 제가 멕시코 있을 때 요리 하나도 안 했거든요. (웃음) 집에서 부모님이 잘 해주셔서요. 그래서 엄마한테 전화했어요. '이거 어떻게 만들어?' '이 재료는 어떻게 바꿀 수 있어?' 이렇게 멕시코 요리를 한국에 와서 배웠어요.

⊙⊙ 11만 킬로미터 떨어진 곳에서. 전화로요!

그거 아세요? 음식이 고향을 가까이 느낄 수 있게 해요. 가끔 친구들 집에 불러서 요리해 주었는데, 친구들이 '식당 해야 돼' 이랬어요. 다른 사람한테 음식 주는 걸 좋아하게

엔프리졸라다스

됐어요. 그렇게 식탁에 초대하는 건 사랑 주는 것과 같아요. 엄마가 아기한테 사랑 주는 것처럼요.

> (기절) 너무 멋진 말이에요.

그래도 요즘에는 멕시코 식당이 좀 있는 편이죠?
네, 그런데 한국에서 많이 보이는 멕시코 식당은 대부분 텍스멕스TEX-MEX 스타일이에요.

> 텍스멕스라면...

텍사스-멕시칸. 텍사스랑 멕시코랑 붙어있는데, 텍사스 이주했던 멕시칸들이 만들었어요. 그래서 멕시코 오리지널 스타일 아니고, 최근에, 20세기에 생긴 요리예요. 부리토, 나초, 파히타 모두 텍스멕스.

> 앗, 저는 부리토와 나초, 모두 의심없이 멕시칸 푸드로 알고 있었네요.

네, 그럴 만도 해요. 텍스멕스 스타일이 미국이나 한국, 이렇게 다른 나라에 오면 그냥 멕시칸 요리. 대부분 이렇게 생각돼요. 미국에 정착한 멕시코 음식이니까, 아예 새로운 장르인데도요. 마리 데 키친은 조금 더 제가 먹고 자랐던 멕시코 음식을 만들어 보려고 해요. 마리 데 키친 건물에 Con sabor a México라고 크게 쓰여 있기도 하거든요.

> 무슨 뜻인가요!

'멕시코의 풍미와 함께'. 마리 데 키친에서는 토르티야도 옥수수 토르티야 써요! 한국에서 보이는 건, 옥수수 토르티야 아니고 대부분 미국에서 만든 밀 토르티야예요. 토르티야는 옥수수 토르티야에서 시작했어요. 아주

오래 전, 1400년대부터 멕시코 이전에 아즈텍AZTEC
문명에서부터 옥수수를 갈고 토르티야를 빚었어요.
2021년에 문을 연 마리 데 키친에서도 옥수수 토르티야를
직접 빚어요.
세은) 쫄깃하고 단맛이 있는 밀 토르티야와 비교하면
옥수수 토르티야는 비교적 질감이 푸석한데, 그 안에
고소함으로 끝나지 않는 어떤 향, 그런 풍미가 있어요.

      0.0 옥수수도 멕시코 음식에서 무척 중요할 것
      같아요.

멕시코 음식만이 아니라, 멕시코 나라에서도 옥수수 빠지면
안 돼요. 아까 로사마리아 쌤 만나셨죠?

      0.0ˇˇ╥ 네!

감자 고향이 페루라면, 옥수수는 멕시코가 고향이에요.
아즈텍 문명 있기 전부터, 한참 전부터, 옥수수는 지금
멕시코가 있는 땅에서 자랐고, 아즈텍 문명에서는 옥수수
신 섬겼어요. 그리고 우리, 사람은 옥수수로 빚어진
존재라고 믿었어요. 그래서 멕시코 음식과 멕시코 문화에서
옥수수는 정말 중요해요. 두 번째로 중요하게 생각하는
건 '콩'. 스페인어로 '프리홀레스FRIJOLES'. 처음으로
'엔프리홀라다스' 할 건데, 옥수수와 빈스, 이 두 가지가
모두 쓰이는 요리예요.

      ╥ 엔... 엔프리... 음, 엔칠라다는 들어 봤어요!

(웃음) 엔프리홀라다스. 네, 그런데 엔칠라다랑
엔프리홀라다스 모두 옥수수 토르티야에 닭가슴살 같은 걸

엔프리홀라다스

채운 다음에 돌돌 마는 것까지는 같아요. 거기에 칠리 소스 올리면 엔칠라다ENCHILADA고요, 콩으로 만든 소스를 올리면 엔프리홀라다스ENFRIJOLADAS가 돼요. 우리는 라코스테냐LA COSTEÑA에서 나온 홀 핀토 빈스 통조림 사서 그걸 활용할 거예요. 인터넷에 팔아요. 페타치즈는 없으면 대신해서 짭짤한 프레시치즈 계열 괜찮아요. 케소 프레스코QUESO FRESCO 같은. 모차렐라는 안 돼요.

  📷 찰칵찰칵… (식재료 찍는 강의 카메라 셔터소리)

세은) (웃음) 이따가 요리된 다음에는 사진 빨리 찍고, 뜨거울 때 드셔 보세요. 엔프리홀라다스는 주문을 먼저 한 다음에 가도, 꼭 앉은 다음에 조리를 시작하는 음식이에요. 갓 나왔을 때가 가장 맛이 좋거든요.

도구	냄비
	믹서기
	프라이팬
재료	닭가슴살 600g
	마늘 8톨
	맛술 2스푼
	월계수잎 2장
	양파 ½개
	옥수수 토르티야 16장 밀 토르티야 16장
	치킨파우더 1티스푼
	라코스테냐LA COSTEÑA 홀 핀토 빈스 2캔
	라코스테냐LA COSTEÑA 치포틀레 페퍼 3개
	크림치즈 1개
	소금
토핑	고수 반 줌 생략 가능
	사워크림
	페타치즈 3조각

엔프리홀라다스

콩수프

1   물이 든 냄비에 닭가슴살을 넣은 다음, 촉촉함을
    위한 소금 두 꼬집, 그리고 잡내 제거를 위한 월계수
    잎과 맛술을 더해 중약불로 20분 삶는다. 삶고 난
    닭육수는 다음 단계에 쓰기에 버리지 않는다.

2   올리브유를 두른 프라이팬에 마늘을 넣고,
    양파를 큼직하게 썰어서 같이 볶은 다음 믹서기에
    넣는다. 뒤이어 1에서 우린 닭육수, 그리고
    올리브유, 크림치즈, 치포틀레 페퍼, 홀 핀토 빈스,
    치킨파우더를 넣고 갈아 준다.

3   냄비에 올리브유를 두르고 강불에 달군 뒤
    믹서기에서 간 2를 붓는다. 뚜껑을 덮고 눅진하게
    5분 끓인다.

엔프리홀라다스

4   1에서 삶은 닭가슴살을 손으로 잘게 찢는다. 페타
    치즈는 포크로 찢는다. 남은 양파를 채썬다.

5   기름을 중불에 달구고, 그 위에 토르티야를 굽는다.

6   토르티야가 구워지면 뺀다. 토르티야 윗면에 3에서
    끓인 소스를 펴바르고, 닭가슴살을 넣어서 돌돌
    말아 준다.

7   [플레이팅] 모두 말았으면 국자로 소스를 자작하게
    붓고, 마무리로 페타 치즈, 채썬 양파, 샤워크림,
    고수 한 줄기를 올려서 낸다.

옥수수껍질 속 옥수수떡

UCHEPOS
우체포

Mary Carmen 마리

20여 개

☆☆☆

비건

자, 여러분 맛있게 드셨죠?

   ⓞⓞ ˙ˬ˙ ￣￣ 네, 배불리 먹었어요!

벌써 배불러요? 그럴 틈이 없어요. 어서 소화해 주세요. (웃음) 다음으로 소개할 우체포UCHEPOS는 옥수수 껍질에 옥수수 반죽 넣고 찌는 요리예요. 옥수수만 있어도 할 수 있어서, 그렇게 간단해서 옥수수 토르티야랑 같이 아즈텍 때부터 만들어 왔던 음식이에요.

   ˬ˙ 엇, 우체포를 애니메이션 〈코코〉(2017)에서 본
   것도 같아요. 그 주인공 이름이... 코코?

   ⓞⓞ 코코? 아, 아니다. 미겔이었을 거예요.

   ￣￣ 그... 맞아요. 미겔의 할머니가 미겔한테
   우체포를 잔뜩 주는 장면이 있어요.

아마 우체포가 아니라 타말레스로 나왔을 거예요. 옥수수 껍질에 반죽 넣고 찌는 그런 요리를 타말레스TAMALES라고 불러요. 그 안에 돼지고기 넣으면 타말레스 데 푸에르코 TAMALES DE PUERCO, 옥수수 반죽을 넣으면 타말레스 데 엘로테TAMALES DE ELOTE, 이런 식이에요. 타말레스 데 엘로테를 우체포로 부르기도 하는 거고요. 어쨌든, 코코에서 잠시 보여주는 것처럼 타말레스는 가족문화에서 정말 중요한 무언가이기는 해요. 멕시코에서 열리는 축제나 의식에도 빠짐없이 있고요. 왜냐하면 타말레스는 함께, 또 한 번 할 때 많이 만들고 다같이 나눠 먹는 요리여서 그렇기도 해요. 옥수수껍질을 벗기고, 그 안에 속을 넣고, 끈으로 묶어서 찜기에 담는데, 이제 이 과정을 여러 사람이 함께 모여앉아서 하는 거예요. 가

족이나 친구나 이웃이랑요. 혼자 만들어서 혼자 먹는 요리는 아네요. 파티 음식이라고 볼 수도 있겠네요.

> 과정을 들어 보니까 송편 만들기와 비슷하네요. 다함께 모여앉아서 반죽에 소를 넣고, 닫아서 모양을 만들고, 쪄내는!

맞아요. 주로 명절이나 특별한 날에 꼭 하는 것도 송편 같네요. 못해도 옥수수 수확하는 7월에는 한 번씩 만들어요. 손이 있을 때 많이 만들고, 냉장고에 둬도 괜찮아요. 냉동하면 3개월까지도 보관할 수 있어요.

> 저는 송편 빚을 때면 모양이 잘 안 만들어져서 화가 나요. (웃음)

화나면 요리가 잘 안된다는 멕시코 속담도 있답니다! 그리고 멕시코에서는 옥수수를 가는 분쇄기가 따로 있어요. 맷돌같이 수동으로 돌리는 거예요. 시골 가면 많이 보여요. 이걸로 갈면 믹서기보다 더 부드럽고 맛있다고 해요.

> 쌤, 아까 옥수수와 아즈텍 이야기도 해 주셨는데, 페루처럼 멕시코에도 옥수수 종류가 분명히 많을 것 같아요. 한국에서 구하기 힘든 옥수수도 꽤 많을 것 같고요. 오늘 우체포에 쓰실 옥수수는 어떤 건가요?

멕시코에는… 자주색, 붉은색, 흰색, 검정색, 노란색, 얼룩덜룩, 완전 얇고 긴 것, 동그란 것… 그렇게 한 60가지 정도? 있는 것 같아요. 멕시코에서 우체포 만들 때는 하얀색인 블랑코 MAÍZ BLANCO 많이 썼어요. 푸른빛 도는 보라색인 아줄

MAÍZ AZUL이나 진한 노란색인 둘쎄MAÍZ DULCE도 썼고요. 옥수수 껍질을 써야 하니까 기본적으로 길어야겠죠.

    😊 껍질 있는 옥수수를 사야 한다면 수염도 꼼꼼히 제거해야겠어요.

수염? 아! 멕시코에서는 '옥수수 머리카락'이라고 불러요.

    👀 수염이랑 머리카락 둘 다 사람의 것인데, 아까 들었던 옥수수 사람 이야기도 생각 나서 재미있네요.

(웃음) 그렇네요. 참, 우리는 이거 요리해서 살사 베르데랑 같이 먹을 거예요. 살사 베르데SALSA VERDE 만드는 방법도 우체포 찌는 동안에 알려 줄게요.

    😊 살사 베르데는 뭐예요?

살사는 '소스'라는 뜻이고, 베르데는 '초록색'이에요.

    😊 헉, 그러면 '살사 소스'라는 말은 '소스 소스'였군요.

    🫠 혼돈의 카오스!

소스 소스. (웃음) 살사라는 게 하나가 아니에요. 장르예요. 한국에서 "살사"라고 하면 딱 떠올리는 건 보통 나초 찍어 먹는 텍스멕스 살사고요, 우리는 오늘 살사 중에서 살사 베르데 만들 거예요.

세은) 살사 베르데에는 토마티요TOMATILLO에 할라피뇨와 마늘, 양파를 같이 써서 혀를 '탁' 때리고 도망가는 매운맛이 있어요.

    👀 토마토가 스페인어로 토마티요인가요?

우체포

흔히 떠올리는 빨간 토마토와는 달라요. 토마티요는 초록색 토마토예요. 아직 덜 익어서 초록색은 아니고, 다 익어도 초록색인 그런 품종 있어요. 달콤함보다는 새콤함이 더 강해요. 한국에서는 표기가, '토마틸로'라고 검색하면 파는 델 찾으실 수 있을 거예요. 웬만해서는 토마티요 써야 맛이 더 어울리는데, 없으면 빨간색 토마토도 괜찮아요.

<u>도구</u>	거품기
	믹서기
	보울
	프라이팬
	찜기
<u>재료</u>	소금
	껍질 있는 옥수수 12개
<u>살사</u>	고수 반 줌
	마늘 5톨
	양파 ¼개
	올리브유 2스푼
	라코스테냐LA COSTEÑA 토마틸로 1캔 토마토 4개
	할리피뇨 6개 청양고추 4개
<u>토핑</u>	사워크림 2스푼 비건요거트

우체포

우체포

1   겉껍질을 떼어내고, 속껍질을 쓴다. 찢지 않고 넓게 떼어내야 한다. 수염을 제거한다.
2   보울 위에 옥수수를 세워서 알을 칼로 긁어낸다.
3   믹서기에 옥수수 알을 넣고 간다. (옥수수가 부드럽지 않으면 우유 또는 곡물유를 한 컵 붓는다.)
4   3에 소금 3스푼을 넣어 간하고, 거품기로 잘 젓는다.
5   그릇에 옥수수 껍질을 깔고 그 위에 반죽을 올린다. 양끝을 안쪽으로 동그랗게 말아 포장한다. 아래는 접고, 얇게 뜯어낸 껍질을 끈으로 활용해 묶는다.

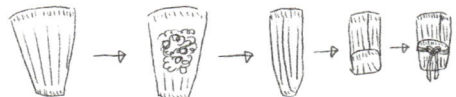

6   찜기에 1시간 찐다.

살사 베르데 (또는 완제품 쓰기)

7   양파를 굵게 자른다. 할라피뇨는 꼭지를 딴다.
8   팬에 올리브유를 두르고, 중불에 마늘, 7의 양파, 할라피뇨를 넣고 그을릴 정도로 볶는다.
9   8을 기름까지 통째로 믹서기에 넣는다. 물 100ml, 토마틸로, 고수도 넣고 간다.
10 사워크림과 함께 우체포에 곁들여 낸다.

연유 넣은 옥수수빵

PAN DE ELOTE
판 데 엘로테

Mary Carmen 마리
약 4명 분량

비건

자, 후식으로 빵입니다!

    0,0 ˙˙ ㅠㅠ (배부름에 기절)

    ˙˙ 그런데 향이 너무 좋다...

    ㅠㅠ 인류에겐 디저트 배가 따로 있다고 해요.

거부하기 어려울 거예요. 고소한 옥수수 반죽에 달콤한 연유를 넣어서 푹 구웠어요. 감칠맛 정말 좋아요. 사실 소개할 생각 없었는데, 우체포 할 때 옥수수를 너무 많이 사는 바람에 (웃음) 그래도 좋으시죠?

    0,0 ˙˙ ㅠㅠ 그럼요!

좋아요. 판 데 엘로테PAN DE ELOTE는 콘브레드, 옥수수빵이에요. Pan은 빵, Elote는 옥수수. 반죽에는 옥수수 알, 연유, 달걀 정도만 필요해서 멕시코 길거리 음식으로 접시에 담아서 팔기도 해요. 레시피가 이것도 조금조금씩 다양한데, 오늘은 제 스타일로 해 보려고 해요. 옥수수 종류는 크게 상관없는데, 저는 보통 부드럽고 덜 달콤한 걸 골라요.

    ˙˙ 예를 들어, 찰옥수수가 어울리지, 초당 옥수수
       같은 건 적합하지 않겠네요.

네, 맞아요. 판 데 엘로테를 만들고 나면 상온에서 이틀, 냉장 보관하면 최대 나흘 정도 보관할 수 있어요. 차갑게 먹어도 맛있고, 전자레인지 2분 정도 데워도 되고요.

    0,0 멕시코 디저트가 궁금해지네요. 멕시코 음식에
    매콤한 풍미가 많잖아요. 또 엄청난 고추들,
    타바스코TABASCO, 할라피뇨JALAPEÑO, 레드
    사비나 하바네로REDSAVINAHABANERO, 모두

판 데 엘로테

멕시코고요. 달콤함도 그만큼 사랑받는 듯해요.
네, 디저트도 여러 가지예요. 전통 디저트로는, 알레그리아
ALEGRÍA라고, 씨앗이랑 꿀 섞어서 굳힌 멕시코 사탕 있고
요, 그리고 코코를 봤으니 아실 것 같아요, 멕시코에는 망자의
날DÍA DE MUERTOS이라는 큰 명절 있어요. 10월 마지막 날
에 제단 준비하고, 11월 1일에 죽은 아이들을, 11월 2일에 죽은
어른을 위해 기도합니다. 그리고 그 이틀 동안은 영계랑 현실
계랑 경계 허물어진다고 믿어요. 죽은 사람들 영혼 깨어나고
세상으로 돌아와서 사랑하는 사람들 만나서 춤추고 먹고 마
시고 노래하는 때예요. 기쁜 시간이죠.

> 강아지를 키우는 집은 영혼이 강아지의
> 영혼을 빌린다고 믿어서 미리 강아지의 눈곱을
> 떼준다고도 들었어요. 영혼이 있는 동안 밝고
> 맑게 볼 수 있게요.

그 기간에 특별히 만들어서 먹는 디저트가 있어요. 판
데 무에르토PAN DE MUERTO라고, 말 그대로 '망자의
빵'이에요. 보통 동그랗고 그 위에 뼈 모양 반죽으로
장식해서 구워요. 마지막에는 설탕이나 계피가루
뿌리고요. 이건 제단에 올리거나 함께 나눠 먹기도 해요.
이것 말고도 유럽식 과자에 라틴 풍미 더해서 만들어진
디저트도 꽤 있어요. 과일과 견과류 섞은 막대 아이스크림
팔레타스PALETAS나, 니에베NIEVES 같은 셔벗, 입이 온통
달콤해지는 초코플란CHOCO FLAN 같은 거요.

도구   믹서기
       오븐
       파이틀

재료   생옥수수 5개 스위트콘 통조림 1500g
       강력분 3스푼
       녹인 버터 ½컵   녹인 비건버터 ½컵
       달걀 3알 물 1½컵
       베이킹 파우더
       연유 1컵 두유 1컵

판 데 엘로테

1   생옥수수의 껍질과 수염을 제거하고, 옥수수알을
    칼로 긁어낸다.
2   옥수수알, 달걀, 베이킹 파우더, 녹인 버터, 강력분,
    연유를 믹서기에 넣고 간다.
3   파이틀에 2의 반죽을 붓는다. (파이틀에 버터를
    바르고 강력분 1티스푼을 뿌린 다음에 반죽을
    부으면 빵이 파이틀에 달라붙지 않아 좋다.)
4   180°C로 예열한 오븐에 40분 굽는다.

ပဲပြားအစာသွတ်
STUFFED TOFU
빼 뺘아싸똑우

Khin Myat Thu 킨얏뚜

약 2명 분량

☆☆

비건으로도

안녕하세요, 킴얏뚜입니다. 처음 뵙겠습니다.

ⓞ·ⓞ ·· ᅲ 안녕하세요, 선생님!

오늘 빼빠아싸똑우를 만들어 볼 건데요, 아주 유명하진 않지만 제가 좋아하고, 간단하게 할 수 있는 요리예요. 빼빠아싸똑우는 튀긴 두부에 야채를 채워 넣은 음식입니다. 빼빠아싸똑우는 가족이나 친구들이 모였을 때 집에서 해도 좋지만, 미얀마에서는 길거리 음식으로도 자주 보여요. 샌드위치나 호떡처럼 길 걸으면서 먹을 수 있는 거예요.

·· 와, 맛있겠어요.

ⓞ·ⓞ 정말요. 북한 음식인 두부밥이 생각나기도 해요. 두부를 직각삼각형으로 자르고 굽고 칼집을 내서 밥을 채운 건데, 그것도 간편하게 먹는 길거리 음식이라고 하더라고요.

아, 두부밥이요. 두부를 비슷한 모양으로 자르고 속을 여는 건 비슷한데, 결국은 달라요. 이런저런 향료를 더 쓰고, 이곳에는 야채를 넣기도 하고요.

·· 이제 보니 식재료에 고기가 없네요!

네, 그래서 고기 안 드시는 분들도 애피타이저나 간식으로 먹을 수 있어요. 미얀마에서는 소고기나 돼지고기를 안 먹는 분이 많아요. 농사를 돕는 소는 소중한 동물, 이렇게 생각해서 먹지 않고, 돼지고기는 먹으면 사고가 자주 난다는 믿음이 있어요. 그래서 특히 운전하거나 기계 만지는 분들이 잘 안 드세요. 그리고 미얀마에서 90% 가까이 불교를 믿어요. 여기에도 볶을 때는 돼지고기 사용할 수 있지만, 없어도 충분히 돼요.

빼빠아싸똑우

◐◐ 저 타마린드라는 재료를 처음 보는 것 같아요.
타마린드 열매는 완두콩이랑 생긴 게 비슷해요. 색깔은 땅콩 같고요. 안을 까 보면 약간 곶감 같은 질감의 열매가 들어있어요. 그런데 엄청 셔요. 오늘 가져온 건 타마린 페이스트 소스인데, 타마린 껍질 제거하고 열매를 액상화한 거예요. 미얀마에서는 이 타마린드 콩을 그냥 까서 생으로 먹거나 쪄서 먹기도 하는데요,

♪♪ 맛...있나 봐요!
(웃음) 아침에 먹으면 다이어트에 좋다고 해요. 타마린이 장에 효약이거든요. 미얀마에는 한 달에 한 번씩 장을 청소하는 문화가 있는데, 그럴 때 타마린 즙을 먹기도 해요. 그렇게 약처럼 먹기도 하고, 요리에도 쓰지만, 그냥 맛으로 간식으로 설탕에 절여서도 팔아요.

세은) 향이 조금 독특하고 재밌어요. 쿰쿰한 풍미가 있는 것 같아요. 뭐랄까, 나프탈렌이 방향제로서의 기능을 다하고 난 뒤의 향기?

♪♪ (향을 맡는 헵) 오, 네! 새로운데요. 향기가
좋아요. 그나저나 공수해 오기 어려울 것 같아요.
조금은요. 다행히 예전만큼은 아녜요. 콩도 항공직송하면 되고, 페이스트 소스는 온라인 쇼핑몰에 팔아요. 배송은 꽤 걸리지만... 타마린드는 신맛을 위해서 넣는 건데, 없거나 급하면 라임즙으로 대신해도 될 것 같아요. 그리고 두부를 튀기기 전에 치킨파우더랑 강황 가루를 손바닥으로 이렇게 툭툭 두드려서 묻힐 거예요. 아기 궁둥이 파우더 묻히는 것처럼요. 그

렇게 하면 두부 특유의 콩 맛이 사라져서 두부 좋아하지 않는 사람도 즐겁게 먹을 수 있어요.

ㅠㅠ 두부가 간지럽겠어요.

(웃음) 그래야 맛있어져요. 그리고 슬라이스한 마늘을 좀 튀길 건데요, 마트에 파는 마늘 플레이크를 써도 되지만, 마늘 기름을 쓰려면 직접 튀기는 편이 좋아요. 속에 넣는 야채들도 마음껏 바꿔서 좋아하는 재료로 구성할 수 있어요.

0.0 뭐랑 마시면 맛있을까요?

보통 주스랑 많이 마셔요. 사탕수수나 타마린 주스도 좋고요.

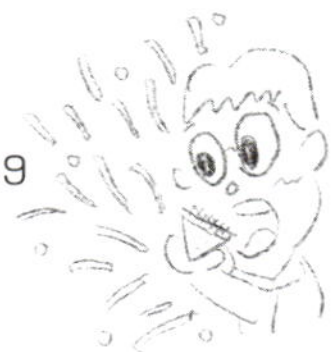

<u>도구</u>	깊은 프라이팬
<u>재료</u>	강황가루
	고수 한 줌
	당근 ½개
	두부 1모
	마늘 9톨
	치킨파우더 〔야채스톡 분말〕
	타마린드 페이스트 소스 3스푼 〔라임즙/레몬즙 3스푼〕
	양배추 ¼개
	자색양파 1개
	튀김유
	소금 〔액젓 4스푼〕
<u>소스</u>	응안 바 예ငံပြာရည် 2스푼 〔또는 간장 4스푼〕
	미얀마 고춧가루 2티스푼 〔한국 고춧가루〕
	설탕 ½티스푼

빼 뺘아싸똑우

1   두부를 2cm 두께로 자른 뒤, 반으로 썰어서 직각삼각형 모양을 만든다. 키친타올로 물기를 빼고, 치킨파우더와 강황가루를 한 꼬집씩 차례로 묻힌다.

2   깊은 프라이팬에 기름을 두부가 잠길만큼 넉넉하게 붓는다. 기름이 데워지면 강황가루를 세 꼬집 넣고, 마늘 7톨을 편썰어서 넣는다. 바삭해지고 먹음직한 갈색으로 바뀌면 꺼내서 키친타올로 기름을 뺀다.

3   1의 두부를 2의 기름에 15분 정도 센불로 튀긴다. 겉면이 갈색이 되면 꺼내서 키친타올로 기름을 뺀다.

4   두부에 넣을 양배추, 양파, 당근을 최대한 얇게 채썬다. 고수는 잘게, 숙주는 3cm 정도로 다진다.

5   [소스] 타마린드 페이스트 소스, 응안 바 예, 고춧가루, 설탕을 넣는다. 고수 두 꼬집과 마늘 2톨도 다져서 넣는다.

6   튀긴 두부를 가위로 칼집을 내서 속주머니를 만든다. 안에 소스를 살짝 바르고, 채썬 야채와 마늘 플레이크를 조금씩 넣는다. 마지막에 소스로 적신다.

코코넛밀크에 적셔먹는 식빵

ပေါင်မုန့်အုန်းနို့ဆမ်း
COCONUT MILK BREAD
빠목으 온 노우싼

Khin Myat Thu 킨얏뚜

약 2명 분량

☆

비건으로도

맛 괜찮았나요? 다음에 알려드릴 빠목으 온 노우싼은 코코넛 밀크에 식빵을 적셔서 먹는 후식 또는 간식이에요. 이것도 미얀마에서 아저씨가 수레를 끌고 다니시면 사 먹는 길거리 음식이에요. 시원하게 먹으려면 얼음을 넣으면 되고요. 코코넛 밀크는 필요하고, 설탕 없으면 연유 250ml도 좋아요.

> 0,0 빼뺘아싸똑우, 너무 맛있었어요! 코코넛 밀크는 코코넛 워터와 다른 건가요? 코코넛 워터는 편의점에서 팔길래 마셔 봤어요.

코코넛 열매의 껍질 벗기고 반을 갈랐을 때 나오는 액체가 코코넛 워터예요. 코코넛 밀크는 코코넛 과육을 말려서 기계로 간 다음에 그 가루를 미지근한 물과 섞어서, 이렇게 면보에 짜면 만들어져요. 미얀마에서는 코코넛 밀크를 마트에서 사기도 하지만, 코코넛을 직접 갈아서 만들기도 해요. 집 뒷마당에 코코넛 나무가 있는 경우가 그렇게 적지 않아서요.

> 식빵은 미얀마에서 먹는 것과 다른가요?

기억하기로는 미얀마와 한국에서 주로 소비하는 식빵은 다른 것 같아요. 미얀마는 통밀을 써서 그런지 더 거친데요, 제 입맛에는 부드러운 우유식빵이 더 어울려요. 저는 찹쌀밥을 넣었는데, 두리안이나 망고를 넣어도 맛있습니다.

> 0,0 오늘은 주로 미얀마 간식을 소개해 주셨는데, 메인 디쉬로 피쉬커리, 타민쪼, 샨누들이나 오노카우쉐도 유명하다고 들었어요.

네, 맞아요. 보면 커리이고, 볶음밥이고, 누들이거든요. 미얀마가 인도와 중국에 가까운데, 보시면 영향이 있는 듯하죠. 미얀마가 영국 식민지로 100년가량 있었는데, 그때 인도도 영국에 지배받던 상황이어서 인도 사람들이 미얀마로 많이 왔어요. 그러면서 인도 식문화와 향신료도 같이 왔고, 가까운 중국에서는 볶음, 튀김, 면, 이런 요리법과 식재료가 전해져서 다양하게 섞여 있어요. 사실 미얀마 현대사가 굉장히 복잡하고 안타까워요. 요즘 난민 전문 통역사 시험을 준비하고 있어요. 학생 때 없던 학구열이 지금에서야 생기네요.

　　버마어와 한국어 간의 통역이겠지요?
맞아요. 요 몇 년 새에 미얀마 난민이 늘었어요. 쿠데타가 일어나서 그래요. 미얀마 군부가 2021년 초에 선거 결과에 불복하면서 일으켰어요. 이제 쿠데타만 세 번째예요.

　　세 번째나요?
미얀마는, 아, 그때는 국명이 버마BURMA였어요. 1948년 영국에서 독립했어요. 첫 번째 쿠데타는 1962년에 일어나서 군사정권이 되었고요. 그리고 8888항쟁 있었어요. 1988년 8월 8일에 일어나서 그렇게 불러요. 경찰 발포에 대학생이 맞고 숨지면서 당시 버마에 깔려있던 불만과 함께 터진 건데요, 그때 수천 명이 총에 맞아서 죽었어요. 그리고 동시에 두 번째 쿠데타가 일어나요. 권력 이양을 민간에 약속했는데, 그런 일은 없었고요. 그리고 그 군부가 다음 해에 이름을 미얀마로 바꾼 거예요. 그래서 불복종 차원에서도 미얀마 대신 버마라는 이름을 사용하자는 여론이 적지 않습니다.

　　한국 현대사와도 겹쳐 보이기도 하네요…
군부랑 민주화운동 그리고 학살, 한국에도 1980년

광주민주화운동도 있었잖아요.

실제로 미얀마 시민사회에서 한국을 어떤 지향할 만한 사례로 생각해요. 미얀마와 비슷한 일을 이미 겪었고, 결국에는 민주주의 얻어냈잖아요. 광주에서도, 여러 시민분들도 연대를 표명해 주시기도 했고요. 아무튼, 그러다가 2000년대에 국내외로 압박이랑 저항이 계속되면서 미얀마 군부가 물러났는데요, 그러면서 2015년에 총선이 열렸고, 53년 만의 정상적인 정권교체가 이루어졌어요. 감동적인 순간이죠. 그런데 불과 몇 년 만에, 아까 말씀드린 2021년 초에 또다시 쿠데타가 일어난 거예요. 아직 진행 중이고요. 상황이 생각보다 안 좋아요. 시민들이 총칼에 죽고, 마을은 불타요.

> 사진을 보는데 괴로워요. 시민들이 아웅 산 수 치 장관 초상화를 들고 있는데, 어떤 아이콘이신 듯한데요.

독립운동 지도자이자 미얀마의 국부인 아웅 산 장군의 딸이세요. 아웅 산 수 치 장관은 8888 항쟁을 주도하시기도 했고, 이것 때문에 노벨평화상 받으시기도 했고, 2021년 쿠데타에서 축출된 분이기도 하세요. 군부 복귀를 가부장적 질서의 복원으로 보는 시선도 있어요. 미얀마 사회가 원래부터 상당히 가부장적이고, 미얀마 군부는 그동안 여성들에게 '수수한 복장을 하고 다녀라'라고 할만큼 보수적인 집단이에요. 미얀마의 보수성을 보여 주는 어떤 사례인데, 여성성이 불결하다고 생각해서 남녀 하의는 같이 빨지도 않고, 말릴 때도 무조건 남성복을 여성복 위에 널어요. 재밌게도 이걸 활용한 경우가 있는데요, 미얀마 전통 치마를 '터메인'이라고 해요. 남자가 터메인 밑으로 지나가면 남성성을 잃는다는 미신이 있어요. (웃음) 재밌죠. 그래서 군경들이 시위대를 진압하러 가는 길에 있는 전봇대나 건물에 빨랫줄로 터메인을 걸어놓으면 군용 트럭이 다 멈춰 서서 긴 막대 같은 걸로 그걸 하나씩 제거해요.

    와! 여성혐오에 맞서는 너무 멋진 투쟁 방법이네요.

그렇게 시간을 끄는 전략도 있었고요. 저는 한국에 있잖아요. 그래서 여기에서 할 수 있는 일을 하려는 편입니다. 이곳에서 가까운 부평 광장에서 매주 시위도 열려서 꼬박꼬박 가요.

    부평에 미얀마에서 오신 분이 많이 계시나요?

부평에 미얀마 마을이 있어요. 미얀마 식당도 그쪽에 많고요. 1988년 이후로 들어오신 분들이 부평에 뿌리를 내리신 거예요. 커뮤니티가 있어요. 불교 믿는 사람 많으니까 사원에서 만나고 기념행사 있으면 만나고. 이번 쿠데타로 민주화에 대해 많이 이야기하고 활동도 하고요.

    알려 주셔서 감사해요. 저희도 계속 관심 가지고 할 수 있는 일을 찾아 보겠습니다.

저도 음식 맛있게 먹고 배워 줘서 고맙습니다.

<u>도구</u> 냄비

  보울

<u>재료</u> 코코넛 밀크 500ml

  타피오카 스틱 1컵 모양 자유

  설탕

  소금

  식빵 비건 식빵

  찹쌀밥 생략 가능

빠목으 온 노우싼

1 [준비] 찬물이 든 보울에 타피오카 스틱을 20분 정도 불린다.

2 냄비에 코코넛밀크 500ml와 물 500ml를 넣고 센불로 끓인다. 펄펄 끓으면 타피오카 스틱과 소금 1티스푼, 설탕 4티스푼을 넣는다. 기호에 따라서 설탕을 추가한다.

3 식빵 테두리를 도려낸 뒤, 직각삼각형으로 반 자른다.

4 끓인 국물과 타피오카를 건져서 식빵과 함께 먹는다. 시원하게 얼음을 넣어 먹어도 좋고, 찹쌀밥을 동그랗게 뭉쳐 곁들여도 좋다.

춘권피를 말아 튀긴 바나나

TURON
뚜론

Robelyn B. Rosal 김로빌린

약 2명 분량

☆☆

비건

ᆔ 김로빌린 선생님! 안녕하세요.

안녕하세요! 강, 헵, 동, 맞죠. 안녕하세요.

ᆔ 그... 왜인지 저희가 만날 마지막 선생님이라는 느낌이 들어요. 손끝에서 느껴져서요.

그런가요? (웃음) 또 만날 수 있겠죠. 저는 뚜론을 알려드릴 수 있을 것 같아요. 뚜론은 바나나를 룸삐아, 그러니까 춘권피에 말아서 튀긴 거고, 후식 또는 간식이에요. 필리핀에 가시면 길거리에서 어렵지 않게 살 수도 있고 만들기에도 좋아요. 바나나는, 이걸 쓸 겁니다.

바나나가 어떻게 이렇게 네모나죠! 맞으면 아플 것 같아요.

전화기를 닮은 것 같기도 하고요. (웃음)

필리핀은 바나나 종류가 한국보다 다양해요. 한국에서는 바나나는 그냥 바나나잖아요, 그런데 필리핀에서는 바나나마다 이름 구분해서 부르기도 해요. 한국 마트에서 흔히 보이는 바나나는 라카탄LACATAN 바나나예요. 보통 라카탄은 필리핀에서 요리가 아니라 그냥 먹는 용도로 사용해요. 그래서 뚜론에는 라카탄이 아닌 사바SABA 바나나를 쓸 거예요.

정말 멋있게 생겼어요. 그럼 뚜론은 한국에서 흔히 파는 라카탄 바나나로 만들기 어려운가요?

만들 수는 있어요. 그런데 부드러워서 물이 많이 생길 수도 있어요. 사바 바나나는 과육이 단단해서 굽고 찌고 튀기고, 그렇게 조리하기에 편해요. 룸삐아에 말지 않고 바나나를 그냥 기름에 튀기고 흑설탕을 추가한 바나나큐BANANA CUE라는

뚜론

간식도 정말 맛있어요.

　　　👀 필리핀도 디저트가 많고 다양한가요?

필리핀에 메리엔다MERYENDA 타임 있어요. 일하다가 오후 세 시에 네 시 사이에 15분 정도 쉬는 문화입니다. 이때 자거나 달콤한 간식을 먹고는 해요.

　　　👀 새참 문화랄까, 그런 거군요!

네, 새참. 그런 거예요. 그때 뚜론도 즐겨 먹고요. 필리핀은 보통 시원하거나 달콤하게 먹는 스타일이에요. 저도 부모님께 요리를 배웠는데, 디저트 레시피들은 어머니께 배웠어요. 판싯 비혼 같은 요리는 아버지가 알려 주었고요.

　　　👀 어서 먹어 보고 싶어요. 달콤하고 바삭바삭한
　　　걸 먹으면 늘 행복해져요.

도구   프라이팬
재료   설탕
       사바 바나나 4개 │ 라카탄 바나나 4개
       춘권피 12장

뚜론

1   사바 바나나 껍질을 벗기고 수평으로 3등분한다.
2   춘권피를 다이아몬드 모양으로 펼치고 가운데에 바나나를 놓는다. 그리고 춘권피를 아래처럼 접는다.

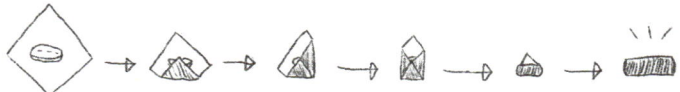

3   기름을 프라이팬에 넉넉히 두르고 센 불로 달군다. 접힌 면이 아래로 가게 해서 뚜론을 튀긴다. 한 면이 노랗게 익으면 뒤집어서 바삭바삭하게 만들고 뺀다.
4   뚜론을 튀기고 남은 기름에 설탕 3스푼을 넣고 약불로 데운다. 설탕이 갈색으로 변하면 그 기름에 다시 뚜론을 넣고 뒤집어가며 코팅하듯 익힌다. 중간에 설탕을 2스푼 정도 더 뿌린다.
5   충분히 갈색이 된 듯 보이면 그릇에 옮긴다. 캐러멜 소스를 곁들여도 좋다.

마늘과 샬롯을 넣은 볶음면

PANCIT BIHON
판싯 비혼

Robelyn B. Rosal 김로빌린

약 4명 분량

☆☆

비건으로도

판싯 비혼도 이어서 소개해 드릴게요. 이건 필리핀 축제나 파티에서 빠질 수 없는 음식이에요. 필리핀 사람들은 파티 정말 좋아해요. 그리고 또 필리핀은 축제가 많아요. 제 동네에서는 4월 10일이 축젯날이었어요. 그래서 그때 음식도 많이 만들고 먹고 그런 기억이 나요.

　　🎤 무엇을 기념하는 날이었어요?
예수님 부활을 기념하는 축제였어요. 부활절이 4월 초순이고, 그 전후로 공휴일이 길게 있어요. 필리핀은 대부분 사람이 가톨릭을 믿어요. 예를 들어서 열 명 있으면 여덟 명은 가톨릭, 나머지 두 명은 기독교랑 이슬람교 정도예요. 그래서 크리스마스도 크게 기념해요. 멀리서 사는 가족들 고향에 다 모이고요.

　　👀 선생님도 크리스마스 오면 가족 보러 가세요?
가족이 못 오니까 제가 가야 하는데, 비행기 표 너무 비싸요. 2019년에는 가려고 했는데, 코로나 때문에 못 갔어요. 그래서 내년으로 준비하고 있어요. 필리핀은 섬이 7천몇 개가 있는데, 제 고향도 가려면 마닐라 공항에 도착해서 비행기 환승해서 다른 공항 간 다음에 거기에서 배 타고 들어가야 해요. 가서 3주는 있을 거예요. 10년 만에 가는 거라서 반가울 것 같아요. 아무튼, 판싯 비혼은 뭘 기념할 때 항상 있는 음식이에요. 마을 축제에도, 크리스마스에도, 생일에도 빠지지 않아요.

　　🎤 매 생일이 기다려지겠어요…
그런데 필리핀은 모든 생일을 챙기지는 않아요.

　　🎤 아, 그런가요?

판싯 비혼

살면서 생일을 세 번 챙겨요. 첫 번째 생일, 어린아이가 되면서 일곱 살에 맞는 생일, 그리고 성인이 되는 때. 여자는 18살, 남자는 22살 때 챙겨요. 첫 번째 생일이랑 일곱 살 생일은 건너뛰기도 하는데, 성인이 되는 해 생일은 꼭 챙겨요. 턱시도, 드레스 입고, 어디 빌려서 결혼식만큼 크게 열어요.

0.0 정말 데뷔네요! 그런데 남녀 성년 챙기는 나이가 왜 다를까요?

그건 잘 모르겠어요.

∵ 철이 늦게 들어서 그런 걸지...

(웃음) 생일 아침엔 하라나 HARANA 또는 마냐니따 MAÑANITA라는 생일 축하 노래 부르면서 주인공 깨워요.

∵ 로맨틱해요. 가사를 찾아봤는데 더 좋아요.

How beautiful is the morning / as we come and sing to you / with hearts so full of gladness / and the fondest thought of you / On the day that you were born / all the flowers burst in bloom / the world was filled with colors / and the strains of a welcome song / We wish you a Happy Birthday!

정말 그렇죠. 그리고 판싯 비혼을 먹는 거예요. 판싯 비혼은 얇고 긴 당면을 쓰는데, 필리핀에서 건강이랑 장수를 의미해요. 그래서 먹어요. 이 면은 쌀로 만들기도 하고, 녹두로도 하는데, 오늘은 옥수수로 만든 면 썼어요. 이것도 들어가는 재료가 지역마다 달라요. 보통 돼지고기, 닭고기, 새우 중에 한두 가지를 넣고, 무슬림 문화권은 새우나 오징어, 참치 등을 넣기도 해요.

› 보통 한 번 만들 때 많이 하겠어요.

네, 보통 혼자 먹지는 않아요. 필리핀은 가족이 많아요. 그리고 맛있는 거 만들 때 많이 만들어서 옆집, 윗집, 아랫집 나눠줘야 좋아요. 이제 곧 요리하는데, 야채를 충분히 볶아서 다 익히는 게 중요해요.

› 볶음면이다 보니까 중국의 영향도 있는 것 같은데, 그럴까요?

네, 볶음면은 화교들이 전파한 문화예요. 중국이랑 가까워서 교류한 지는 오래되었어요. 뚜론에 쓰이는 춘권피만 봐도요. 식민지 전부터 필리핀에는 인도 문화, 중국 문화, 이슬람 문화가 다 있었어요. 그리고 필리핀은 300여 년 동안 스페인 식민지였어요. 필리핀에서 자주 먹는 디저트 중에 레체 플란 LECHE FLAN이라는 게 있어요. 달콤한 푸딩인데, 스페인의 식민지를 경험한 국가들은 다 갖고 있어요. 멕시코나 쿠바에도 플란FLAN이라는 이름으로 있는데, 필리핀이 단맛이 더 강한 것 같아요.

› 재료 중에 필리핀 간장이 있던데요! 한국 간장과 조금 다른가요?

필리핀 간장은 한국 간장보다 진해요. 그래서 한국 간장으로 하면 필리핀 간장보다 많이 넣어야 해요. 그리고 오늘은 닭가슴살을 준비했지만, 필리핀은 뼈 포함한 닭 전체를 다 써서 삶고 껍질까지 찢어서 준비합니다. 스톡도 사지 않고 직접 졸여서 만들기도 하고요. 제가 오늘 재료를 잔뜩 가지고 오기는 했는데, 넣기 나름이에요. 간편한 요리예요. 시간이 덜 걸리고, 재료도 적게 드는 편이고요. 오늘도 아이들 해 주고 나왔어요. 한국 가족들과도 자주 해 먹어요.

도구	보울
	프라이팬
재료	골든 비혼 당면 300g [실 당면 300g]
	닭가슴살 200g [팽이버섯 200g + 과정 1번 생략]
	당근 ½개
	돼지고기 150g [표고버섯 150g]
	마늘 6톨
	생강 1개
	샬롯 4개 [양파 1개]
	양배추 ¼개
	월계수잎 [생략]
	쪽파 한 줌
	필리핀 간장 4스푼 [간장 8스푼]
	소금
	통후추
소스	치킨스톡 1스푼 [연두 순 1스푼]

판싯 비혼

0 [준비] 찬물을 보울에 담고, 그곳에 골든 비혼 당면을 15분 불린다. 불리고 나면 꺼내서 물기를 뺀다.

1 물이 든 냄비에 닭가슴살을 넣은 다음, 잡내 제거를 위한 생강, 통후추, 월계수잎을 더해 중약불로 20분 삶는다. 잘 삶으면 닭가슴살을 꺼내어 잘게 찢는다.

2 [소스] 치킨스톡, 필리핀 간장 1스푼, 물 2스푼을 섞어서 소스를 만든다.

3 마늘과 생강은 얇게 편 썰고, 샬롯, 당근, 양배추는 채썬다. 쪽파는 손톱 크기만큼 썬다.

4 프라이팬에 기름을 넉넉히 두르고 마늘을 넣어서 볶는다. 마늘이 익으면 샬롯을, 샬롯이 익으면 돼지고기를, 돼지고기가 익으면 소금, 후추, 필리핀 간장 3스푼을 넣는다.

5 잘게 찢은 닭가슴살도 넣고 뒤섞는다. 뒤이어 쪽파를 넣어서 볶고, 쪽파가 익으면 당근을, 당근이 익으면 양배추를 넣는다. 2에서 만든 소스 3스푼을 더해 섞는다.

6 불려 놓은 골든 비혼 당면을 넣고 뒤섞는다. 간을 보고 기호에 따라 간장을 추가한다.

7 [플레이팅] 그릇에 담아 라임이나 고수를 곁들인다. 판 데 살 PAN DE SAL 같은 담백한 모닝빵 또는 시원한 감귤 주스와 같이 내어도 좋다.

계속…

식탁은 걷는다

초판 1쇄	2023년 12월 31일
2쇄	2024년 3월 29일
요리	온통소피트, 로사마리아, 마리, 킴얏뚜, 김로빌린
푸드디자인	조세은
기획	김헵시바, 민동인
편집/디자인	민동인
사진	강민제
자문	조세은
협력	협동조합 글로벌에듀
	인천 동구 금곡로 8-1
	2층 마리 데 키친 / 3층 카페인모자이크
	sbge2009@naver.com
펴낸곳	좀비출판
	안양시 시민대로287, 1108호 (~2024년)
	www.zmbiprs.org
인쇄제책	팩토리비 인쇄그룹
ISBN	979-11-981622-1-2 (10590)
값	24,000원

저작권법에 의해 보호받는 저작물입니다. 무단 전재 및 복제를 금합니다. 잘못된 정보를 발견하셨거나 달리 문의하실 것이 있다면 위 펴낸곳 이메일로 연락을 부탁드립니다.